Heinz Erhardt
illustriert von Jutta Bauer

Ein Nasshorn und ein
Trockenhorn

Lappan

2. Auflage 2009
© 2009 Lappan Verlag GmbH,
ein Unternehmen der Verlagsgruppe Ueberreuter
www.lappan.de • E-Mail: info@lappan.de
Lektorat: Peter Baumann
Gesamtherstellung: CPI Moravia Books
Printed in Europe
ISBN 978-3-8303-3224-4

Inhalt

Prolog

Nicht immer war ich schon so alt –
das machten erst die Jahre.
Die Stirne wuchs mit dem Verstand
im Laufe meiner Haare.
Nun wünsch ich mir, dass, was ich schrieb,
auch frohe Leser findet,
dann möge dieser Band das Band
sein, welches uns verbindet.

Das Lama

In dem Land des weisen Brahma
lebte jahrelang ein Lama,
dem es niemals wollte glucken,
weit im Bogen auszuspucken.

Schrecklich litt es seelisch wegen
diesem seinem Unvermögen;
und die Tränen war'n ihm nah,
wenn es andre spucken sah.

Heimlich übte es im Sitzen
oder Stehn, den Mund zu spitzen,
um dann zielgerecht durch dessen
Spalt den Strahl herauszupressen;
doch selbst in bequemer Lage
förderte es nichts zutage.

Und – so endet dieses Drama –
schließlich musste unser Lama
vor den Thron des Brahma traben,
ohne je gespuckt zu haben.

Der Mathematiker

Es war sehr kalt, der Winter dräute,
da trat – und außerdem wars glatt –
Professor Wurzel aus dem Hause,
weil er was einzukaufen hat.

Kaum tat er seine ersten Schritte,
als ihn das Gleichgewicht verließ,
er rutschte aus und fiel und brach sich
die Beine und noch das und dies.

Jetzt liegt er nun, völlig gebrochen,
im Krankenhaus in Gips und spricht:
»Ich rechnete schon oft mit Brüchen,
mit solchen Brüchen aber nicht!«

Der vestimmte Elefant

Jede Mücke hat den kleinen
Rüssel, der so oft und gerne sticht,
auch der Elefant hat einen,
aber stechen kann er damit nicht.
Deshalb ist auch unser Riese
leider immer irgendwie verstimmt,
grade so als ob er diese
Schwäche seinem Schöpfer übel nimmt.

Die Made

Hinter eines Baumes Rinde
wohnt die Made mit dem Kinde.

Sie ist Witwe, denn der Gatte,
den sie hatte, fiel vom Blatte.
Diente so auf diese Weise
einer Ameise als Speise.

Eines Morgens sprach die Made:
»Liebes Kind, ich sehe grade,
drüben gibt es frischen Kohl,
den ich hol. So leb denn wohl!
Halt, noch eins! Denk, was geschah,
geh nicht aus, denk an Papa!«

Also sprach sie und entwich. –
Made junior aber schlich
hinterdrein; doch das war schlecht!
Denn schon kam ein bunter Specht
und verschlang die kleine fade
Made ohne Gnade. Schade!

Hinter eines Baumes Rinde
ruft die Made nach dem Kinde ...

Das Dings

Mitten in Ägyptens Wüste
steht ein riesengroßes Dings,
hinten Löwe, vorne Dame,
jeder weiß: Das ist die Sphinx.

Sehnsuchtsvoll in Richtung Westen
schaut sie steinernen Gesichts.
Würde sie nach Osten gucken,
wärs egal: Auch da ist nichts ...

Ein Nasshorn und ein Trockenhorn

Ein Nasshorn und ein Trockenhorn
spazierten durch die Wüste,
da stolperte das Trockenhorn,
und 's Nasshorn sagte: »Siehste!«

Kinder

Kinder haben es so leicht,
haben keine Sorgen,
denken nur, was mach ich *jetzt,*
nicht, was mach ich *morgen* ...?
Kinder haben es so schwer,
dürfen niemals mäkeln
und sich wie der Herr Papa
auf dem Sofa räkeln ...

Kinder haben es so leicht,
dürfen immer spielen,
essen, wenn sie hungrig sind,
weinen, wenn sie fielen ...

Kinder haben es so schwer,
müssen so viel lernen und,
wenn was im Fernsehn kommt,
sich sofort entfernen ...

Kinder haben es so leicht,
naschen aus der Tüte,
glauben an den lieben Gott
und an dessen Güte ...
Kinder haben es so schwer,
müssen Händchen geben
und auf dieser blöden Welt
noch so lange leben ...

Der Leu und die Gazelle

Durch die Wüste schreitet der Leu,
blickt sich um, als wär er hier neu,
brüllt!

Schreckerstarrt verharrt die Gazelle,
die den Durst an schattiger Stelle
stillt!

Dann entfernt sich der Löwe nach Norden,
keiner weiß, was aus ihm geworden.
Die Gazell' aber rennt nach Westen –
das war für sie auch am besten ...

Sabinchen

Da war ein schneeweißes Karnickel,
das hatte einen schwarzen Pickel
auf der Nase.
Sprach ein Hase:
»Liebe Base,
das geht so nicht mit deiner Warze!
Es kommt ein Jäger, trifft ins Schwarze!
Du musst den Pickel heller färben,
dann lebst du lang, ohne zu sterben!«
Das tat denn auch sofort Sabinchen
(so nämlich hieß dieses Kaninchen)
und lebte lange ungestört ...
Wie gut, wenn man auf andre hört!

Schüttelreime

Im Juli gibt es heiße Nächte,
dann fängt man in der Neiße Hechte.

Er würgte eine Klapperschlang,
bis ihre Klapper schlapper klang.

Löwenzahn

Löwenzahn ist schon seit jeher
als höchst kriegerisch verschrien,
denn er lässt bei gutem Winde
Fallschirmtruppen feindwärts ziehn.
Und ich sitz auf der Veranda
und verzehre meine Suppe
und entdecke in derselben
zwei Versprengte dieser Truppe.

Urlaub im Urwald

Ich geh im Urwald für mich hin ...
Wie schön, dass ich im Urwald bin:
Man kann hier noch so lange wandern,
ein Urbaum steht neben dem andern.
Und an den Bäumen, Blatt für Blatt,
hängt Urlaub. Schön, dass man ihn hat!

Heißer Mai

Es ist sehr heiß.
Leise rieselt der Schweiß.

Sogar die Lerche,
sonst schwer zu zügeln,
flattert ganz langsam:
Sie schwitzt unter den Flügeln.

Und auch die Schwalbe
fliegt nur die halbe
Geschwindigkeit in der Stunde.

In aller Munde
ist dieses Lied:

Leise rieselt der Schweiß –
und das vor Ende des Mais.

Das Kälbchen

Es spielt das Kind vom Rind im Wind,
ist froh und guten Mutes.
Es kennt nicht Not, nicht den Papa,
nicht den Geruch des Blutes. –

Der Weg ist weit, der Kasten eng –
das Kälbchen ahnt nichts Gutes.
Der Schlächter ist kein schlechter Mann,
doch muss er's tun – und tut es. –

Das Kälbchen existiert nicht mehr –
in unsern Mägen ruht es,
doch nachts erscheint es uns im Traum
und traurig muh – muh – muht es.

Nee, das geht nicht

Das Meer – wenn ich schon drüber spreche –
hat eine feuchte Oberfläche,
die, finden keine Stürme statt,
stets ruhig daliegt, groß und glatt.
Soweit wär alles schön und gut.

Doch was sich *unter* Wasser tut,
das zu erzähln sträubt sich die Feder:
Es frisst den andern auf ein jeder!
Je größer so ein Fisch, je kesser!
Dort toben Kämpfe bis aufs Messer!

(Was ganz der Wahrheit nicht entspricht,
denn Fisch mit Messer geht ja nicht!)

Gänseblümchen

Ein Gänseblümchen liebte sehr
ein zweites gegenüber,
drum riefs: »Ich schicke mit 'nem Gruß
dir eine Biene rüber!«

Da rief das andere: »Du weißt,
ich liebe dich nicht minder,
doch mit der Biene, das lass sein,
sonst kriegen wir noch Kinder!«

Der kalte Wind

Es wohnt ein Wind in Leningrad,
der pustet kalt,
wer da nicht einen Mantel hat,
der hustet bald.

Der Stier

Ein jeder Stier hat oben vorn
auf jeder Seite je ein Horn;
doch ist es ihm nicht zuzumuten,
auf so 'nem Horn auch noch zu tuten.
Nicht drum, weil er nicht tuten kann,
nein, er kommt mit dem Maul nicht ran!

Drei Bären

Ein Brombär, froh und heiter, schlich
durch einen Wald. Da traf es sich,
dass er ganz unerwartet, wie 's
so kommt, auf einen Himbär stieß.

Der Himbär rief – vor Schrecken rot –:
»Der grüne Stachelbär ist tot!
Am eignen Stachel starb er eben!«
»Ja«, sprach der Brombär, »das solls geben!«
und trottete – nun nicht mehr heiter –
weiter ...

Doch als den »Toten« er nach Stunden
gesund und munter vorgefunden,
kann man wohl zweifelsohne meinen:
Hier hat der andre Bär dem einen
'nen Bären aufgebunden!

33

Die Kuh

Auf der saftig grünen Wiese
weidet ausgerechnet diese
eine Kuh, eine Kuh.

Ach, ihr Herz ist voller Sehnen
und im Auge schimmern Tränen
ab und zu, ab und zu.

Was ihr schmeckte, wiederkaut se
mit der Schnauze, dann verdaut se
und macht Muh, und macht Muh.

Träumend und das Maul bewegend
schaut sie dämlich in die Gegend
grad wie du, grad wie du.

Von A bis E

Herr Afeu frug Herrn Befeu:
»Wo bleibt denn bloß Herr Cefeu?«
Da sprach Herr Befeu: »Cefeu?
Der sitzt mit Fräulein Defeu
dort unten hinterm Efeu!«

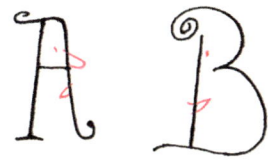

Die polyglotte Katze

Die Katze sitzt vorm Mauseloch,
in das die Maus vor kurzem kroch,
und denkt: »Da wart nicht lang ich,
die Maus, die fang ich!«

Die Maus jedoch spricht in dem Bau:
»Ich bin zwar klein, doch bin ich schlau!
Ich rühr mich nicht von hinnen,
ich bleibe drinnen!«

Da plötzlich hört sie – statt »miau« –
ein laut vernehmliches »wau-wau«
und lacht: »Die arme Katze,
der Hund, der hatse!
Jetzt muss sie aber schleunigst flitzen,
anstatt vor meinem Loch zu sitzen!«

Mäh!

Doch leider – nun, man ahnts bereits –
war das ein Irrtum ihrerseits,
denn als die Maus vors Loch hintritt
– es war nur ein ganz kleiner Schritt –
wird sie durch Katzenpfotenkraft
hinweggerafft! – – –

Danach wäscht sich die Katz die Pfote
und spricht mit der ihr eignen Note:
»Wie nützlich ist es dann und wann,
wenn man 'ne fremde Sprache kann …!«

Vogel und Baum

Man sieht die Lerchen mit Gesang
hoch in die Lüfte steigen.
Nur die mit »e«! Die mit dem »ä«,
die stehen da – und schweigen.

liebe Sonne

Nach so vielen Regenwochen
kamst du endlich vorgekrochen,
froh sind Menschen, Tier und Gras!

Schein auf unsre Mutter Erde,
dass sie wieder trocken werde,
liebe Sonne, tue das!

Trockne sie und unsre Tränen
und den Kuckuck, der ganz nass!
Schicke uns nach langen Qualen

deines Fehlens alle Strahlen –
und besonders diese netten,
diese ultravioletten!

Liebe Sonne, schein uns was!

Vögel

Vögel sind, so steht's im Brehm,
Tiere, welche fliegen,
singen meistens angenehm
und sind schwer zu kriegen.
Fliegen ohne Unterlass,
auch bei größter Hitze,
wär ich Vogel, ließ ich das,
weil ich so leicht schwitze.

Der Frühling

Wie wundervoll ist die Natur!
Man sieht so viele Blüten,
auch sieht man Schafe auf der Flur
und Schäfer, die sie hüten.
Ein leises Lied erklingt im Tal:
Der müde Wandrer singt es.
Ein süßer Duft ist überall,
bloß hier im Zimmer stinkt es!

Der Wurm

Am Fuß von einem Aussichtsturm
saß ganz erstarrt ein langer Wurm.

Doch plötzlich kommt die Sonn' herfür
erwärmt den Turm und auch das Tier.

Da fängt der Wurm an, sich zu regen,
und Regenwurm heißt er deswegen.

Sommeranfang

Mit Frischem füllen sich die Keller.
Es sinkt der Öl- und Lichtverbrauch.
Die Nächte werden wieder heller.
Der Tag nimmt zu. Die Oma auch.

Winteranfang

Verblüht sind Dahlien und Ginster.
Die Rechnung steigt für Öl und Licht.
Die Nächte werden wieder finster.
Der Tag nimmt ab. Die Oma nicht.

Der Guck-Guck

Der Guck-Guck ist ein Vogeltier,
das weiß man ganz genau.
Kommt er jedoch als Hund zur Welt,
so nennt man ihn Schau-Schau.

Affig

Was uns vom Affen unterscheidet
ist nur der Fakt, dass man sich kleidet.
Warum man sonst Textilien macht,
das hat noch keiner rausgebracht.

Wenn's Publikum zu lachen liebt,
lachts oft, wo's nichts zu lachen gibt.
Warum es jetzt zum Beispiel lacht,
das hat noch keiner rausgebracht.

47

Das Finkennest

Ich fand einmal ein Finkennest
und in demselben lag der Rest
von einem Kriminalroman.
Nun sieh mal an:
Der Fink konnt lesen!
Kein Wunder, es ist ein *Buch*fink gewesen.

Die Schnecke

Mit ihrem Haus nur geht sie aus!
Doch heut lässt sie ihr Haus zu Haus,
es drückt so auf die Hüften.
Und außerdem – das ist gescheit
und auch die allerhöchste Zeit – :
Sie muss ihr Haus mal lüften!

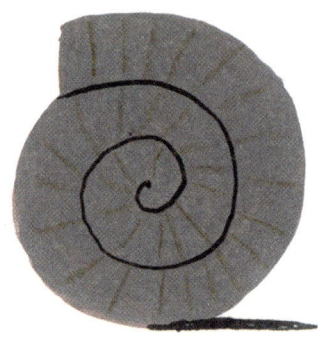

Das Fischchen

Ein Fischchen einst im Wasser saß
und von dem Wasser wurd es nass,
    das Fischchen.
Das Fischchen wollt gern trocken sein,
doch hatte es kein Handtuch, nein,
    das Fischchen.
Da sprang das Fischchen, hops, an Land
und drehte sich paarmal im Sand,
und als dann kam das Morgenrot,
wars Fischchen trocken – aber tot.
    Das Fischchen.

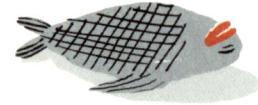

Das Blümchen

Im Walde ist ein Plätzchen,
ein Plätzchen wunderschön.
Beim Plätzchen steht ein Bänkchen,
das möcht ich wiedersehn.
Beim Bänkchen wächst ein Blümchen,
ein Blümchen, weiß und rot,
das möcht ich gerne pflücken;
denn morgen ist es tot.
Ich wills ins Wasser legen,
bis dass es fast ertrinkt,
und es so lange hegen,
bis Mutti sagt: »Es stinkt!«

Dieses Gedicht »schrieb« Heinz Erhardt mit 13 Jahren.

Der Saurier

Es war einmal ein schauriger,
urzeitgemäßer Saurier.
Er wohnte tief in den Morästen
und hatte keinen Drang nach Westen,
auch nicht nach Süden, nicht nach Norden,
drum war auch nichts aus ihm geworden.
So sehr man es bedauerte,
der Saurier versauerte.
Da er auf jeglichem Gebiete
nichts weiter war als eine Niete,
beschloss er kurz, sich zu verfärben
und für die Nachwelt auszusterben. –
Das war, fürwahr, ein trauriger
und zeitgemäßer Saurier!

Der Kabeljau

Das Meer ist weit, das Meer ist blau,
im Wasser schwimmt ein Kabeljau.
Da kömmt ein Hai von ungefähr,
ich glaub von links, ich weiß nicht mehr,
verschluckt den Fisch mit Haut und Haar,
das ist zwar traurig, aber wahr. –
Das Meer ist weit, das Meer ist blau,
im Wasser schwimmt kein Kabeljau.

Wirklich unerhört

Die Amsel drosselt
ihren lauten Sang.
Die Finken starten schon –
der Weg ist lang …
Die A- und Blaumeisen
sind ganz verstört,
auch sie finden das
wirklich unerhört!!!

Das ist ihnen noch nie begegnet:
ein Sommer, so total verregnet!

Die Drossel amselt,
und es finkt der Star:
»Ade, auf Wiedersehn
im nächsten Jahr!«

Der Schmetterling

Es war einmal ein buntes Ding,
ein so genannter Schmetterling,
der war wie alle Falter
recht sorglos für sein Alter.
Er nippte hier und nippte dort,
und war er satt, so flog er fort,
flog zu den Hyazinthen
und guckte nicht nach hinten.
Er dachte nämlich nicht daran,
dass was von hinten kommen kann.
So kams, dass dieser Schmetterling
verwundert war, als man ihn fing.

Danach

Ich reiste solo durch die Tropen,
sah Affen, Gnus und Antilopen
und – leider viel zu spät – den Tiger!
Er kam von hinten und blieb Sieger!

Nun sitz ich hier im Paradiese
mit andern Engeln auf der Wiese.
Man ist sich noch ein wenig fremd.
Zwei Flügel wachsen durch mein Hemd – – –

Die Eule

Eine Eule saß und stierte
auf dem Aste einer Euche.
Ich stand drunter und bedachte,
ob die Eule wohl entfleuche,
wenn ich itzt ein Steunchen nähme
und es ihr entgegenschleuder?
Dieses tat ich. Aber siehe,
sie saß da und flog nicht weiter.
Deshalb passt auf sie die Zeule:
    Eule mit Weule!

Der Maus

Der Maus ihr Gatte wurd geschnappt
von einer Mausefalle,
nun war – verdammt und zugeklappt! –
er mausetot für alle.
Die Trauerreden fürn Gemahl,
sie gipfelten im Satze:
»Viel schneller gings auf jeden Fall
mit Falle – als mit Katze!«

Verrat

Spinne, Spinne, spinne du
ruhig weiter, ich schau zu.
Bald kommt eine Fliege dann,
die sich nicht befreien kann,
saugst ihr Blut aus, Glied für Glied.
Wünsch dir guten Appetit!

Fliege, Fliege, fliege nur
ruhig weiter durch den Flur.
Doch die Ecke musst du meiden,
willst du nicht entsetzlich leiden,
denn dort hängt ein Spinnennetz!
Böse, Spinne, dass ich petz?

Feste

Der Karpfen kocht, der Truthahn brät,
man sitzt im engsten Kreise
und singt vereint den ersten Vers
manch wohlvertrauter Weise.
Zum Beispiel »O du fröhliche«,
vom »Baum mit grünen Blättern« –
und aus so manchem Augenpaar
sieht man die Träne klettern.
Die Traurigkeit am Weihnachtsbaum
ist völlig unverständlich:
Man sollte lachen, fröhlich sein,
denn ER erschien doch endlich!

Zu *Ostern* – da wird jubiliert,
manch buntes Ei erworben!
Da lacht man gern – dabei ist ER
erst vorgestern gestorben ...

Die Weihnachtsgans

Tiefgefroren in der Truhe
liegt die Gans aus Dänemark.
Vorläufig lässt man in Ruhe
sie in ihrem weißen Sarg.

Ohne Bein, Kopf und Gekröse
ruht sie neben dem Spinat.
Ob sie wohl ein wenig böse
ist, dass man sie schlachten tat?

Oder ist es doch zu kalt ihr?
Man siehts an der Gänsehaut
Nun, sie wird bestimmt nicht alt hier:
Morgen wird sie aufgetaut.

Hm, welch Duft zieht aus dem Herde
durch die ganze Wohnung dann!
Macht, dass gut der Braten werde,
morgen kommt der Weihnachtsmann!

Der Igel

Der Igel sprach zur Igelin:
»Du weißt nicht, wie verliebt ich bin!
Ich liebe dich wie nichts so.«

Dann drückte er sie fest an sich,
worauf sie schrie: »Auch ich lieb dich,
doch lass das sein, du stichst so!«

Kleiner Vogel

Kleiner Vogel dort im Baum,
sing doch ruhig leiser;
denn wenn du so weiter machst,
wirst du noch ganz heiser!
Und die Stimme, die du hast,
klingt dann nicht mehr länger,
dann brauchst du ein Mikrofon,
wie 'n moderner Sänger ...!

Fußball

Vierundvierzig Beine rasen
durch die Gegend ohne Ziel,
und weil sie so rasen müssen,
nennt man das ein Rasenspiel.

Rechts und links stehn zwei Gestelle,
je ein Spieler steht davor.
Hält den Ball er, ist ein Held er,
hält er nicht, schreit man: »Du Toooor!«

Fußball spielt man meistens immer
mit der unteren Figur.
Mit dem Kopf, obwohls erlaubt ist,
spielt man ihn ganz selten nur.

Der Regenwurm

Ein langer dicker Regenwurm
geriet in einen Wirbelsturm,
der trug ihn bis zum Himmel.
Nun dient er oben, nein, wie fein,
dem allerliebsten Engelein
als Klöppel einer Bimmel.

Den Unverstandenen

Stumm ist der Fisch, doch nicht nur er:
Auch einen Wurm verstehst du schwer.

Selbst deines treuen Hunds Gebell
entzifferst du nicht immer schnell.

Und bei den Rindern, Hühnern, Schweinen
kannst du nur raten, was sie meinen.

Drum spreche ich als Anwalt hier
für jedes unverstandne Tier.

(Fürn Papagei brauch ich das nicht,
weil er ja für sich selber spricht.)

Pappis Wiegenlied

Schlafe ein, mein Schätzchen,
und träum von einem Kätzchen,
von Püppchen, bunten Steinchen,
schlafe ein, schlaf, Kleinchen!
Schlafe ein, mein Bübchen,
ein Engel geht durchs Stübchen
ganz leis auf nackten Beinchen,
schlafe ein, schlaf, Kleinchen!
Während nun der gute Mond am Himmel lacht,
sitzt dein Papi hier am Bettchen und bewacht
dich, mein holdes Schätzchen.
Es schlafen schon die Kätzchen,
die Püppchen und die Steinchen,
schlafe ein, schlaf einchen!

Der Angler

Ein Angler steht am See,
er hält die Angel in die Höh',
will fangen einen Barsch,
das Wasser steht ihm bis zum Knie.

(Reimen tut sich das erst,
wenn die Flut kommt.)

Weidende Seekuh

Die Seekuh weidet auf dem Grund
des Ozeans. Stumm ist ihr Mund;
denn finge an sie, laut zu singen,
würd ihr das Meer ins Innre dringen –
und dieses Nass, welches sie schluckt,
verdürbe dann das Milchprodukt,
das, schon seit jeher äußerst rühmlich,
wohl jeder Seekuh eigentümlich.

So weidet unsre Meereskuh
mit Appetit, doch ohne Muh …

knabe mit
ekältetem Käfer

Auf meiner linken Schulter sitzt
ein Käfer, rot mit schwarzen Tupfen.
Er ist vom Fliegen ganz erhitzt,
nun kriegt er sicher einen Schnupfen.
Ich nehm ihn in die Hand und renn
mit ihm nach Haus über die Wiesen.
Er muss sofort ins Warme, denn
ich höre ihn bereits schon niesen.

Der alte Wolf
Auch 'n Märchen

Der Wolf, verkalkt und schon fast blind,
traf eine junge Dame:
»Bist du nicht Rotkäppchen, mein Kind?«
Da sprach die Dame: »Herr, Sie sind – – – !*
Schneewittchen ist mein Name!«

»Schneewittchen? Ach, dann bist du die
mit diesen *7 Raben?*«
Sie antwortete: »Lassen Sie
sich lieber gleich begraben!
Mit *7 Zwergen* hatt ich mal
zu tun – das waren nette ... !«
»Ach ja! Du durftest nicht zum Ball,
und Erbsen waren nicht dein Fall,
besonders nicht im Bette ...!«

Da lachte sie hell ha-ha-ha,
dann: »Darf ich Sie was fragen?
Sie fraßen doch die *Großmama,*
wie hab'n Sie die vertragen?«

»Das ist nicht wahr, dass ich sie fraß,
ich krümmte ihr kein Härchen!
Die Brüder *Grimm,* die schrieben das
für kleine Kinderchen zum Spaß –
das sind doch alles Märchen ...!«

* – – – wohl blöd? *wollte sie sagen. Aber so etwas
denkt eine Dame nur!*

71

Der kleine Engel

Geht ein kleiner Engel
durch das kleine Haus.
Löscht die kleinen Lichter
und die Lampe aus.

Drückt die müden Augen
sanft und heimlich zu,
spannt die bunten Träume
über deine Ruh.

Hält zu deinen Häupten
dann die ganze Nacht
mit zwei weißen Flügeln
treu und lautlos Wacht.

Heinz Erhardt hat in seinem Leben viel und gerne gelacht. Noch lieber aber hat er andere zum Lachen gebracht. Schon in der Schule hat er sich einen Spaß daraus gemacht, kleine Spottgedichte über seine Lehrer zu schreiben. Und bestimmt haben seine Mitschüler auch über sein Gedicht »Das Blümchen« gelacht, das er mit 13 Jahren schrieb und das in diesem Buch auf Seite 51 zu finden ist. Neben dem Spiel mit der Sprache hat dem jungen Heinz auch das Klavierspielen Spaß gemacht, und aus beidem zusammen ist später sein Beruf geworden: Heinz Erhardt trat mit seinen Texten auf Kabarett- und Theaterbühnen auf, begleitete sich selbst am Klavier und wusste zur Begeisterung des Publikums immer »noch 'n Gedicht« vorzutragen. Als es in Deutschland noch kein Fernsehen gab, drängten sich die Zuhörer vor den Radiogeräten, um keine der frechen Glossen und Gedichte des Humoristen zu verpassen. Später war Heinz Erhardt dann auch oft im Fernsehen und im Kino zu sehen. Am liebsten aber trat er als Vorreiter der heutigen Comedians vor Publikum auf, wo er die Stimmung im Saal spüren und spontan darauf reagieren konnte. Heinz Erhardt, der am 19. Februar 2009 hundert geworden wäre, ist vor 30 Jahren in Hamburg gestorben. Sein Wortwitz, seine Gedichte und sein Humor aber sind bis heute lebendig geblieben.

Auch **Jutta Bauer** lacht oft und gerne. Die heute vor allem als Illustratorin und Autorin von Kinder- und Jugendbüchern bekannte Künstlerin hat über viele Jahre die  Leserinnen der Frauenzeitschrift *Brigitte* mit ihren Cartoons und Bildergeschichten aus dem Alltag der Frauen und Kinder zum Schmunzeln und Lachen gebracht. Mit ihren Bildern zu den »Juri«-Geschichten von Kirsten Boie (»Kein Tag für Juri«, »Juri und das Monster« u. a.) hat sie sich früh einen Namen als Bilderbuchkünstlerin gemacht. Jutta Bauer illustriert aber nicht nur Geschichten von so bekannten Kinderbuchautoren wie Peter Härtling, Klaus Kordon oder Christine Nöstlinger, sie malt auch immer wieder Bilder zu eigenen Geschichten. Für ihre »Königin der Farben« ist sie mit dem Troisdorfer Bilderbuchpreis ausgezeichnet worden, und für ihre »Schreimutter« erhielt sie 2001 den Deutschen Jugendliteraturpreis. Ihr humorvoll-poetisches Geschenkbuch »Selma«, das von einem ganz gewöhnlichen Mutterschaf erzählt und davon, was uns glücklich macht, wurde nicht nur in Deutschland ein Bestseller, sondern weltweit in 25 Sprachen übersetzt. Jutta Bauer lebt und arbeitet als freischaffende Künstlerin in Hamburg. Für dieses Buch hat sie zum ersten Mal Illustrationen zu Gedichten von Heinz Erhardt gemacht.

Weitere Titel von Heinz Erhardt und Jutta Bauer unter:
www.lappan.de